Erika Bock

Bunte Lichter & Tischlaternen

Bastelideen für das ganze Jahr

CHRISTOPHORUS

BRUNNEN-REIHE

SEIT MEHR ALS 30 JAHREN STEHT
DER NAME „CHRISTOPHORUS" FÜR
KREATIVES UND KÜNSTLERISCHES
GESTALTEN IN FREIZEIT UND BERUF.
GENAUSO WIE DIESER BAND
DER BRUNNEN-REIHE IST JEDES
CHRISTOPHORUS-BUCH MIT
VIEL SORGFALT ERARBEITET: DAMIT
SIE SPASS UND ERFOLG BEIM
GESTALTEN HABEN – UND FREUDE
AN SCHÖNEN ERGEBNISSEN.

© 1997 Christophorus-Verlag GmbH
Freiburg im Breisgau

Alle Rechte vorbehalten -
Printed in Germany

ISBN 3-419-55936-4

Jede gewerbliche Nutzung der Arbeiten und
Entwürfe ist nur mit Genehmigung der
Urheberin und des Verlages gestattet. Bei
Anwendung im Unterricht und in Kursen ist auf
diesen Band der Brunnen-Reihe hinzuweisen.

Redaktion: Elke Fox, Freiburg
Styling und Fotos: Peter Nielsen, Umkirch
Reinzeichnungen: Uwe Stohrer, Freiburg
Umschlaggestaltung: Network!, München
Produktion: Print Production, Umkirch
Druck: Freiburger Graphische Betriebe, 1997

CHRISTOPHORUS
Bücher mit Ideen

Inhalt

Stimmungsvolles Licht

In diesem Buch finden Sie zu jedem Anlaß das richtige Kerzenlicht. Als Farbtupfer auf einem festlich gedeckten Tisch oder in klassischem Weiß stellen die Tischlaternen und -lichter zu jeder Jahreszeit eine originelle Ergänzung der Tischdekoration dar. Ob Geburtstag, Fastnacht, Ostern, Sommerfest, St. Martin, Erntedank, Advent und Weihnachten – die Laternen und Lichter sorgen für stimmungsvolle Atmosphäre. Und wenn Sie Duftkerzen einsetzen, können Sie auch noch Ihren Lieblingsduft ins Zimmer holen.

Alle gezeigten Motive sind auch von Kindern schnell und einfach zu verwirklichen. Dann ist es eine ganz besondere Freude, die funkelnden Augen der Kinder zu sehen, wenn sie gebannt das Kerzenlicht in den selbstgebastelten Laternen und Lichtern beobachten.

Lassen Sie sich zum Basteln anregen und vom Kerzenlicht verzaubern.

Ich wünsche Ihnen dabei viel Freude und Erfolg.

Erika Eder

Hinweise und Tips

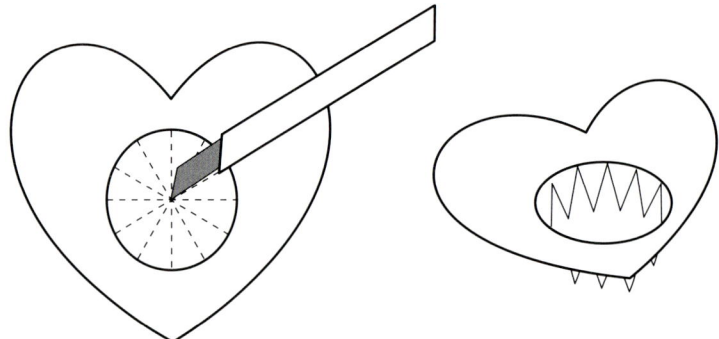

Material

- Fotokarton
- Regenbogen-Wellpappe
- Transparent-papier und Regenbogen-Transparent-papier
- Käseschachteln
- Teelichter

Hilfsmittel

- Architekten-papier
- Bleistift
- Lineal
- Schere
- Nagelschere
- Cutter, Schneide-unterlage
- Lackstift in Weiß
- Filzstifte
- Lochzange oder Locher
- Klebstoff

Übertragen der Vorlagen

1. Das Motiv mit einem weichen Bleistift vom Vorlagenbogen auf Architektenpapier übertragen.

2. Das Papier umgekehrt auf den Fotokarton legen und die Konturen mit einem spitzen, harten Bleistift durchpausen.

Tips
Für Motive aus dunklem Fotokarton oder Wellpappe eine Schablone aus Karton anfertigen, da die durchgepausten Linien nicht zu erkennen sind. Auch wenn Motive mehrfach benötigt werden, sind Schablonen empfehlenswert.

Tischlichter

1. Alle Teile mit der Schere oder dem Cutter ausschneiden. Den inneren Kreis, in den später das Teelicht hineingesetzt wird, nicht ausschneiden, sondern mit dem Cutter sternförmig einschneiden.

2. Damit sich der Fotokarton leichter knicken läßt, den Kreis mit der geöffneten Schere oder einem Falzbein leicht anritzen.

3. Die Zacken nach innen knicken und die Spitzen abschneiden. Das Teelicht einstecken.

4

Geschlossene Tischlaternen

1. Zuerst die inneren Konturen des Motivs, dann erst die Umrisse mit Cutter oder Schere ausschneiden.

2. Die auf der Vorlage gestrichelt gezeichneten Falzlinien mit Schere oder Falzbein anritzen, damit sie später leichter geknickt werden können.

3. Jede Laternenseite einzeln mit Transparentpapier hinterkleben, ein einziger Streifen würde sich wellen. Das Transparentpapier ca. 2 bis 4 mm kleiner als die Außenkontur zuschneiden und den Ausschnitt hinterkleben.

4. Die Falzlinien knicken.

5. Die Laterne an der Klebelasche zusammenkleben.

Laternen mit Kästchen

1. Alle Teile ausschneiden.

2. Den Ausschnitt mit Transparentpapier hinterkleben.

3. Die Laternenteile wie angegeben zusammenfügen.

4. Für das Kästchen, welches das Teelicht aufnimmt (Vorlage A), die Strich-Punkt-Linien einschneiden und die gestrichelten Falzlinien anritzen.

5. Den Karton an der angeritzten Stelle knicken. Die Enden der Längsseiten nach innen legen und mit den Kopfseiten zusammenkleben.

6. Das Laternenmotiv an den Seiten des Kästchens anbringen.

Achtung!
Das Teelicht immer in der Laternenmitte plazieren. Die Kerze nie unbeaufsichtigt oder allein mit Kindern brennen lassen. Teelichter nur in den vorgesehenen Metallbehältern abbrennen und vor Zugluft schützen.

Tip
Damit auslaufendes Kerzenwachs den Tisch nicht beschädigt, eine geeignete Unterlage unterlegen, z.B. einen mit Fotokarton beklebten Bierdeckel.

Mäusetreffen beim Frühstück

Material

◆ Fotokarton in
   Hellgrün, Lila,
   Pink, Gelb
◆ Teelichter

Hilfsmittel

◆ Bleistift
◆ Architekten-
   papier
◆ Filzstift in
   Schwarz
◆ Schere
◆ Cutter
◆ Lochzange oder
   Locher
◆ Klebstoff

Vorlage B

❶ Die Mäuse vom Vorlagenbogen auf Fotokarton übertragen und ausschneiden.

❷ Die Gesichter aufmalen.

❸ Für jede Maus aus gelbem Foto-karton ein kleines Stück Käse ausschneiden. Mit der Lochzange oder dem Locher einige Löcher ausstanzen und das Stück hinter die Pfote kleben.

❹ Das Teelicht einpassen (siehe Seite 4).

Herzen und Stern in Regenbogenfarben

❶ Die Herzen und den Stern vom Vorlagenbogen auf die glatte Seite der Mikro-Wellpappe übertragen und ausschneiden.

❷ Den inneren Kreis, in den das Teelicht hineingesetzt wird, mit dem Cutter sternförmig auf der glatten Seite der Wellpappe einschneiden.

❸ Damit sich die Mikro-Well-pappe leichter knicken läßt, die Kreise mit der geöffneten Schere oder dem Cutter auf der welligen Seite leicht anritzen.

❹ Die Zacken nach innen knicken und die Spitzen abschneiden. Das Teelicht von oben in das Motiv einpassen.

Material
◆ Mikro-Wellpappe in Regenbogen-Farben
◆ Teelichter

Hilfsmittel
◆ Bleistift
◆ Architekten-papier
◆ Schere
◆ Cutter
◆ Lochzange oder Locher

Vorlagen C, D

Frühlingskörbchen

Material

GELBER KORB

◆ Fotokarton in
   Gelb
◆ Regenbogen-
   Transparent-
   papier
◆ Teelicht

Gelber Blumenkorb

❶ Das Motiv auf Fotokarton übertragen und ausschneiden.

❷ Die Innenkonturen mit dem
Cutter ausschneiden.

❸ Die Außenkonturen auf Regenbogen-Transparentpapier zeichnen und unterhalb der Bleistiftlinie ausschneiden.

❹ Die Motivseiten damit hinterkleben.

❺ Nach der Anleitung von Seite 5
ein Kästchen für das Teelicht anfertigen.

❻ Die Motivseiten am Kästchen
festkleben.

Weißer Blumenkorb

❶ Die Motivteile vom Vorlagenbogen auf weißen und gelben
Fotokarton übertragen und ausschneiden.

WEISSER KORB:

◆ Fotokarton in
   Weiß, Gelb

◆ Transparent-
   papier in Weiß

◆ Teelicht

Hilfsmittel

◆ Bleistift

◆ Architekten-
   papier

◆ Schere

◆ Cutter

◆ Klebstoff

Vorlagen E, F

❷ Die Innenkontur ausschneiden.

❸ Die Außenkontur des Blumen-körbchens auf Transparentpapier zeichnen und unterhalb der Bleistiftlinie ausschneiden.

❹ Die Ausschnitte mit Transparentpapier hinterkleben.

❺ Gelbe Blüten aufkleben.

Die nächsten Schritte siehe „Gelbes Körbchen" ❺ und ❻

Zur Osterzeit

M a t e r i a l

HASE:

◆ **Fotokarton in**
   Braun, Reste in
   Orange und Grün

◆ **Regenbogen-**
   Transparent-
   papier

◆ **Teelichter**

HÜHNER:

◆ **Fotokarton in**
   Weiß, Grün

◆ **Teelichter**

H i l f s m i t t e l

◆ **Bleistift**

◆ **Architekten-**
   papier

◆ **Filzstifte in**
   Schwarz und Rot

◆ **Schere**

◆ **Cutter**

◆ **Lochzange oder**
   Locher

◆ **Klebstoff**

V o r l a g e n **G, H**

Hase

❶ Den Hasen zweimal vom Vorlagenbogen auf braunen Fotokarton übertragen und ausschneiden.

❷ Die Innenkonturen mit dem Cutter oder einer spitzen Schere ausschneiden.

❸ Das Auge mit der Lochzange oder dem Locher ausstanzen.

❹ Nase und Barthaare aufmalen.

❺ Den Körper mit Transparentpapier hinterkleben.

❻ Ein Kästchen für das Teelicht anfertigen (siehe Seite 5).

❼ Die fertig ausgearbeitete Möhre an der Schachtel ankleben.

Hühner

❶ Hühner und Wiese vom Vorlagenbogen auf Fotokarton übertragen und ausschneiden.

❷ Den Kamm, den Schnabel und den Kinnlappen rot ausmalen. Das Auge schwarz aufmalen.

❸ Teelichter einpassen (siehe Seite 4).

❹ Die Wiesenstreifen an der Rückseite der Hühner festkleben.

Marienkäfer und Blüten

Marienkäfer

❶ Den Körper des Marienkäfers auf schwarzen, die Flügel auf roten Fotokarton übertragen und ausschneiden.

❷ Die Flügel auf den Körper aufkleben und die Punkte mit einem schwarzen Filzstift aufmalen.

❸ Den inneren Kreis für das Teelicht mit dem Cutter sternförmig einschneiden.

❹ Damit sich der Fotokarton leichter knicken läßt, den Kreis mit der geöffneten Schere oder dem Cutter leicht anritzen.

❺ Die Zacken nach innen knicken und die Spitzen abschneiden. Das Teelicht von oben in das Motiv einpassen.

Blüten

❶ Die Grundform vom Vorlagenbogen auf gelben oder roten Fotokarton übertragen und ausschneiden.

❷ Das Teelicht einpassen (siehe oben, Schritte 3 und 4).

❸ Zehn bis zwölf blaue oder gelbe Blütenblätter ausschneiden und fächerförmig auf den Kranz kleben.

❹ Kleiner Marienkäfer: Mit schwarzem Filzstift Kopf und Fühler auf die Blüte malen. Ein Oval aus rotem Fotokarton schneiden, Punkte und Flügel aufzeichnen und den Käfer auf die Blüte kleben.

Geisterstunde

❶ Die Motivteile vom Vorlagenbogen auf Fotokarton übertragen und ausschneiden.

❷ Das Regenbogen-Transparentpapier einzeln hinter jede Seite der Laterne kleben.

❸ Die gestrichelten Falzlinien mit der Schere leicht nachfahren und falzen.

❹ Die kleinen Fledermäuse auf dem großen Fenster fixieren.

❺ Das Gespenstergesicht aufkleben.

❻ Die Laterne am Kleberand zusammenkleben.

Material
- Fotokarton in Schwarz
- Regenbogen-Transparentpapier
- Teelichter

Hilfsmittel
- Bleistift
- Architektenpapier
- Cutter oder kleine Schere
- Klebstoff

Vorlage K

Meine Teddys

1. Die Teddys vom Vorlagenbogen auf Fotokarton übertragen und ausschneiden.

2. Die Gesichter und Konturen aufmalen.

3. Den inneren Kreis für das Teelicht mit dem Cutter sternförmig einschneiden.

4. Damit sich der Fotokarton leichter knicken läßt, den Kreis mit der geöffneten Schere oder dem Cutter leicht anritzen.

5. Die Zacken nach innen knicken und die Spitzen abschneiden. Das Teelicht von oben in das Motiv einpassen.

6. Die Teddys nach Belieben verzieren, z.B. mit Schleifenband, Abschnitten von runden Servietten, Tortenspitze, Abziehsternchen oder -herzen.

Tip
Die Teddys eignen sich sehr gut als Geschenkauflieger.

Material
- Fotokarton in Hellbraun
- Schmuck-Etiketten
- Reste von Schleifenband
- runde Servietten oder Tortenspitze
- Teelichter

Hilfsmittel
- Bleistift
- Architektenpapier
- Filzstift in Schwarz
- Lackstift in Weiß
- Schere
- Cutter
- Klebstoff

Vorlage   L

König der Tiere

Material
- ◆ Fotokarton in Hellbraun, Gelb
- ◆ Regenbogen-Transparent-papier
- ◆ Teelicht

Hilfsmittel
- ◆ Bleistift
- ◆ Architekten-papier
- ◆ Filzstift in Schwarz
- ◆ Schere
- ◆ Cutter
- ◆ Klebstoff

Vorlage   M

❶ Die Motivteile vom Vorlagenbogen auf Fotokarton übertragen und ausschneiden.

❷ Den Bauch und den Kopf mit Regenbogen-Transparentpapier hinterkleben.

❸ Das Gesicht aufmalen.

❹ Tatzen und Schwanzspitze aufkleben.

❺ Ein Kästchen für das Teelicht anfertigen (siehe Seite 5).

❻ Die fertig ausgearbeiteten Löwen am Kästchen ankleben.

Den Marienkäfer nach der Anleitung von Seite 14 anfertigen.

Schneckenfreunde

Material

**REGENBOGEN-
SCHNECKE:**

- Fotokarton in
  Grün, Gelb
- Mikro-Wellpappe
  in Regenbogen-
  farben
- ovale Käse-
  schachtel
- Regenbogen-
  Transparent-
  papier
- ovale Wackelau-
  gen (6 x 9 mm)

ROTE SCHNECKE:

- Fotokarton in
  Rot
- Regenbogen-
  Transparent-
  papier

Für beide:

- Teelichter

Regenbogen-Schnecke

❶ Die Schnecke zweimal, einmal davon spiegelverkehrt, vom Vor-lagenbogen auf die glatte Seite der Mikro-Wellpappe übertragen und ausschneiden.

❷ Den Umriß des Schnecken-hauses auf Transparentpapier zeichnen und knapp unterhalb der Linie ausschneiden.

❸ Die Ausschnitte mit Trans-parentpapier hinterkleben.

❹ Wackelaugen fixieren und gestanzte Punkte auf die Fühler kleben.

❺ Einen 3 cm breiten Streifen aus grünem Fotokarton zackenförmig zuschneiden und innen an die Käseschachtel kleben.

❻ Außen einen Streifen Regen-bogen-Wellpappe anbringen.

❼ Die Schnecken an der Schachtel festkleben.

Rote Schnecke

1 Die Schnecken aus rotem Foto-karton ausschneiden (s. S. 22).

2 Die Ausschnitte mit Trans-parentpapier hinterkleben.

3 Das Gesicht aufmalen.

4 Ein Kästchen für das Teelicht anfertigen (siehe Seite 5).

5 Die Schnecken an der Schachtel festkleben.

Hilfsmittel

◆ **Bleistift**
◆ **Architekten-papier**
◆ **Filzstift in Schwarz**
◆ **Schere**
◆ **Cutter**
◆ **Klebstoff**

Vorlage   N

Herbstmotive

Material

HERBSTDRACHEN:

- Fotokarton in Rot,
  Rest in Gelb
- Regenbogen-
  Transparent-
  papier
- blauer Wollrest
- Kreppapier in
  Gelb

IGEL:

- Fotokarton in Rot
- Regenbogen-
  Transparent-
  papier

Hilfsmittel

- Bleistift
- Architekten-
  papier
- Filzstift in
  Schwarz
- Schere
- Locher oder
  Lochzange
- Cutter
- Klebstoff

Vorlagen

O, P, Q

Herbstdrachen

1. Das Motiv auf Fotokarton übertragen und ausschneiden. Die Innenkonturen mit dem Cutter ausschneiden.

2. Kreppapierstreifchen an zwei Wollfäden knoten.

3. Wollfäden unterhalb der Drachen anbringen. Obere Fadenenden innen ankleben.

4. Die Falzlinien mit der Schere falzen und dann falten.

5. Die Ausschnitte mit Transparentpapier hinterkleben.

6. Das Gesicht des Drachens ausarbeiten. Für die Nase einen Papierpunkt stanzen.

7. Die Laterne zusammenkleben.

Igellaterne

1. Die Igel auf Fotokarton übertragen und ausschneiden.

2. Augen aufmalen und die Ausschnitte mit Transparentpapier hinterkleben.

3. Die Käseschachtel mit einem grünen, gezackt geschnittenen Fotokartonstreifen umkleben.

4. Die Igel ankleben.

Tischlicht Igel

1. Den Igel ausschneiden und mit Filzstift ausgestalten.

2. Das Teelicht einpassen (siehe Seite 4).

Sonne, Mond und Sterne

❶ Aus blauem Fotokarton einen ca. 15 cm breiten Streifen schneiden. Die Länge ermitteln: den Streifen einmal um die Käseschachtel wickeln und 1 cm Kleberand zugeben.

❷ Die Motive Sonne, Mond und Sterne beliebig übertragen und mit dem Cutter ausschneiden.

❸ Den Streifen mit gelbem Transparentpapier hinterkleben.

❹ Den fertigen Laternenstreifen um die Käseschachtel kleben und mit kleinen Klebesternchen verzieren.

❺ Am oberen Rand einen blauen Fotokartonstreifen zur Verstärkung einkleben.

Advent, Advent ...

M a t e r i a l

◆ **Fotokarton in**
   Rot
◆ **Regenbogen-**
   Transparent-
   papier
◆ **ovale Käse-**
   schachtel
◆ **Teelicht**

H i l f s m i t t e l
◆ **Bleistift**
◆ **Architekten-**
   papier
◆ **Cutter oder**
   kleine Schere
◆ **Klebstoff**

V o r l a g e S

❶ Die Länge des Motivstreifens aus rotem Fotokarton so wählen, daß er um die Käseschachtel paßt.

❷ Das Motiv vom Vorlagenbogen auf den Motivstreifen übertragen und ausschneiden.

❸ Das Kind und den Tannenbaum mit Transparentpapier hinterkleben.

❹ Den fertigen Motivstreifen um die Käseschachtel legen und ankleben.

Bald ist Weihnachten

Material

STERN:

◆ Fotokarton in
   Gelb, Rot
◆ Schmuck-
   Etiketten
◆ Teelicht

TANNENBÄUME:

◆ Fotokarton in
   Dunkelgrün,
   Weiß
◆ Schmuck-
   Etiketten
◆ Teelichter

Hilfsmittel

◆ Bleistift
◆ Architekten-
   papier
◆ Schere
◆ Cutter
◆ Klebstoff

Vorlagen D, T

Stern

❶ Die Sterne vom Vorlagenbogen auf gelben bzw. roten Fotokarton übertragen und ausschneiden.

❷ Den gelben Stern mit Abziehsternchen verzieren.

❸ Das Teelicht einpassen (siehe rechts Schritte ❸ bis ❺).

❹ Den roten Stern unter das Teelicht kleben.

Tannenbäume

❶ Die Tannen vom Vorlagenbogen auf Fotokarton übertragen und ausschneiden.

❷ Abziehsternchen aufkleben.

❸ Die inneren Kreise, in die jeweils das Teelicht hineingesetzt wird, mit dem Cutter sternförmig einschneiden.

❹ Damit sich der Fotokarton leichter knicken läßt, die Kreise mit der geöffneten Schere oder dem Cutter leicht anritzen.

❺ Die Zacken nach innen knicken und die Spitzen abschneiden. Das Teelicht von oben oder unten in das Motiv einpassen.

Winternacht

① Die Hausfassade vom Vorlagenbogen auf weißen oder blauen
Fotokarton übertragen und ausschneiden.

② Die Fenster mit dem Cutter
ausschneiden.

③ Die gestrichelten Falzlinien
leicht mit der Schere einritzen.

④ Die Außenkonturen der Häuser
mit Bleistift auf das Transparentpapier aufzeichnen und etwas
unterhalb der Linie ausschneiden.

⑤ Jede Seite einzeln mit Transparentpapier hinterkleben.

⑥ Die Falzlinien leicht nach innen
falten und die Häuser am Kleberand zusammenkleben.

⑦ Beim blauen Haus Schnee an
den Giebeln anbringen.

Material
- Fotokarton in
  Weiß, Blau
- Regenbogen-
  Transparent-
  papier
- Teelichter

Hilfsmittel
- Bleistift
- Architekten-
  papier
- Schere
- Cutter
- Klebstoff

Vorlage U

31

Neben dieser Auswahl aus der Brunnen-Reihe haben wir noch viele andere Bücher im Programm. Wir informieren Sie gerne - fordern Sie einfach unsere neuen Prospekte an:

- **Bücher für Ihre Kinder:** Basteln, Spielen und Lernen mit Kindern
- **Bücher für Ihre Hobbys:** Stoff und Seidenmalerei, Malen und Zeichnen, Keramik, Floristik
- **Bücher zum textilen Handarbeiten:** Sticken, Häkeln und Patchwork

Wir sind für Sie da, wenn Sie Fragen zu AutorInnen, Anleitungen oder Materialien haben. Und wir interessieren uns für Ihre eigenen Ideen und Anregungen. Faxen, schreiben Sie oder rufen Sie uns an. Wir hören gerne von Ihnen! Ihr Christophorus-Verlag

Hermann-Herder-Str. 4 / 79104 Freiburg i. Breisgau

CHRISTOPHORUS
Bücher mit Ideen

Tel: 0761/2717-268 oder Fax: 0761/2717-352